Quelques réflexions blasphématoires

DU MÊME AUTEUR CHEZ JACQUELINE CHAMBON

JACQUES LACAN À HOLLYWOOD, ET AILLEURS, 2010.
DE LA CROYANCE, 2011.

Titre original :
Islam e modernità
© Slavoj Žižek / Adriano Salani Editore SURL, Milan, 2015

Slavoj Žižek

Quelques réflexions blasphématoires

Islam et modernité

essai traduit de l'anglais
par Laure Manceau

Jacqueline Chambon

C'est maintenant, alors que nous sommes tous sous le choc du massacre qui a eu lieu dans les bureaux de *Charlie Hebdo*, qu'il nous faut avoir le courage de penser. C'est maintenant, et non plus tard, quand les choses se seront apaisées, comme essaient de nous en convaincre les adeptes de la sagesse bon marché : ce qui est difficile à concilier, c'est justement la réaction à chaud et l'acte de penser. Penser la tête froide, une fois que tout est fini, ne produit pas de vérité plus équilibrée, ça ne fait que normaliser la situation en nous permettant d'éviter tout ce que la vérité a de tranchant.

Penser signifie dépasser le pathos de la solidarité universelle qui a éclaté dans les journées qui ont suivi la tuerie, pour culminer le dimanche 11 janvier avec le spectacle des grandes figures de la politique de la planète se donnant la main, de Cameron à Lavrov, de Netanyahou à Abbas – une parfaite illustration de ce qu'est l'hypocrisie. Lorsque le cortège parisien est passé sous sa fenêtre, un citoyen anonyme a mis à plein volume l'*Ode à la joie* de Beethoven, hymne non officiel de l'Union européenne, ajoutant une touche de kitsch politique à la farce déjà écœurante de Poutine, Netanyahou et consorts marchant bras dessus, bras dessous – ceux-là mêmes qui sont responsables du chaos dans lequel nous nous trouvons. Bien que résolument athée, je pense que Dieu lui-même n'a pas dû supporter une telle énormité et qu'il s'est senti obligé d'intervenir par le biais d'une autre énormité, digne cette fois de l'esprit de *Charlie Hebdo* : pendant que le président François Hollande prenait dans ses bras Patrick Pelloux, médecin et chroniqueur à *Charlie Hebdo*, devant les locaux du journal, un pigeon a déféqué sur l'épaule droite du président, sous les yeux de l'équipe, qui a essayé tant bien que mal de réprimer un fou rire – réponse on ne peut plus divine du Réel à ce détestable rituel. En réalité, le vrai geste *Charlie Hebdo* aurait été de publier en une du journal une caricature de mauvais goût qui, sans détours, aurait tourné cet événement en ridicule, avec des dessins de Netanyahou et Abbas, Lavrov et Cameron, et d'autres couples encore s'enlaçant et s'embrassant passionnément tout en aiguisant des couteaux dans leur dos.

Il y a, par ailleurs, un aspect des événements récents en France qui semble être passé relativement inaperçu : les affiches et autocollants ne clamaient pas seulement

Je suis Charlie ! mais aussi *Je suis flic !* L'unité nationale célébrée et à l'œuvre lors de ces grands rassemblements n'était pas seulement l'union du peuple par-delà les ethnies, les classes sociales et les religions, mais aussi (et peut-être surtout) l'union du peuple avec les forces de l'ordre. La France était jusqu'à maintenant le seul pays occidental (à ma connaissance) où les policiers étaient la cible constante de blagues cruelles les faisant passer pour des imbéciles et des personnes corrompues (pratique autrefois courante dans les anciens pays communistes). Mais aujourd'hui, au lendemain de la tuerie de *Charlie Hebdo*, on applaudit la police, on en fait l'éloge, on l'étreint comme une mère protectrice – et pas seulement la police, mais aussi les forces spéciales (les CRS, à qui l'on criait en 1968 : « CRS, SS ! »), les services de renseignements, tout l'appareil d'État relatif à la sécurité – pas de place pour Snowden ou Manning dans ce nouvel univers. Pour citer Jacques-Alain Miller : « Sauf dans la jeunesse pauvre d'origine arabe ou africaine, le ressentiment à l'endroit de la police n'est plus ce qu'il était. Reste que la faveur, la ferveur, que la police a rencontrée dans la population parisienne dimanche dernier est un phénomène inédit. Du jamais-vu, sans doute, dans l'histoire de France. » Ce que l'on peut être amené à voir à l'occasion en France et dans le monde, dans des moments privilégiés, c'est « l'osmose d'une population avec l'armée nationale destinée à la protéger des agressions extérieures. Mais l'amour de la population pour les forces de répression intérieure[1] ? » La menace terroriste aura ainsi réussi l'impossible : réconcilier la génération contestataire de 1968 avec son pire ennemi, autour de ce qui serait une version française populaire du Patriot Act, appliquée sous les vivats du public, les gens se prêtant de bonne grâce à la surveillance généralisée. Alors comment en est-on arrivé là ?

I

L'islam en tant que mode de vie

Les moments d'euphorie qu'ont connus les manifestations parisiennes témoignent de toute évidence d'un triomphe de l'idéologie : ils fédèrent la population contre un ennemi dont la présence, fascinante, gomme temporairement les antagonismes existants. La question qu'il faut se poser est celle-ci : ces moments, qu'occultent-ils ? Qu'est-ce qui se cache derrière ces écrans de fumée ? Naturellement, nous devons condamner pleinement ce massacre, qui est une attaque contre l'essence même de nos libertés, et le condamner sans réserve (et non avec des commentaires du type : « Quand même, à *Charlie Hebdo*, ils provoquaient et insultaient trop les musulmans »). De même, nous devons rejeter toute proposition qui consiste à faire du contexte plus large une circonstance atténuante : les frères qui ont attaqué le journal étaient profondément affectés par les exactions de l'occupation américaine en Irak (d'accord, mais alors pourquoi ne pas avoir attaqué une base militaire américaine au lieu de s'en prendre à un journal satirique français ?) ; en Occident, les musulmans sont de fait une minorité exploitée et à peine tolérée (on peut en dire autant et même plus des Noirs africains et pourtant ils ne versent pas dans les attentats à la bombe et les massacres), etc. Le problème, quand on se met à évoquer à des fins d'excuse l'arrière-plan complexe d'un événement, c'est que l'on peut aussi le faire au profit d'Hitler : son accession au pouvoir est en partie due au sentiment d'injustice provoqué par le traité de Versailles, mais cela ne change en rien le fait que nous nous devions de combattre le régime nazi par tous les moyens à notre disposition. L'important n'est pas de savoir si les griefs qui conditionnent les actes terroristes sont avérés ou non, mais plutôt quel projet politico-idéologique émerge en réaction à ces injustices.

Mais tout cela ne suffit pas – il faut pousser le raisonnement plus loin, et cette réflexion n'a absolument rien à voir avec une relativisation facile du crime (la rengaine sur l'air de « Mais qui sommes-nous en Occident pour condamner de tels actes alors que nous sommes responsables de terribles massacres dans le Tiers-Monde ? »). Elle n'a rien à voir non plus avec la peur pathologique qu'a, en Occident, la gauche libérale d'être coupable d'islamophobie. Pour ces faux partisans de la gauche, toute critique de l'islam est une expression de l'islamophobie occidentale : Salman Rushdie a inutilement provoqué les musulmans et mérite donc (en partie, du moins) la fatwa qui le condamne à mort, etc. Le risque d'une telle posture est prévisible : plus la gauche libérale occidentale ressasse sa culpabilité, plus les fondamentalistes musulmans l'accusent d'être une hypocrite qui cherche à masquer sa haine de l'islam. Cette constellation reproduit à la perfection le paradoxe du surmoi : plus on obéit à ce que l'Autre exige de nous, plus on se sent coupable. Il semblerait donc que plus on tolère l'islam, plus la pression qu'il exerce sur nous augmente...

C'est pour cela que je trouve insuffisantes les invitations à la modération, comme cet appel de Simon Jenkins paru dans *The Guardian* le 7 janvier, pour qui notre devoir est de « ne pas réagir de manière excessive, de ne pas surmédiatiser les conséquences, mais de traiter chaque événement comme une irruption accidentelle de l'horreur[2] » – or l'attaque contre *Charlie Hebdo* n'a rien d'accidentel, elle résulte au contraire d'un programme politique et religieux bien précis, et s'inscrit en tant que telle dans un contexte bien plus vaste.

Plutôt que diaboliser les terroristes en les présentant comme des fanatiques suicidaires, j'estime nécessaire, et probablement plus efficace, de briser ce mythe diabolique. Il y a longtemps, Friedrich Nietzsche s'est rendu compte que la civilisation occidentale allait droit vers le Dernier Homme, créature apathique sans passions ni engagements. Incapable de rêver, fatigué de la vie, il ne prend pas de risques, ne recherche que son confort, sa sécurité et la tolérance entre les hommes : « Un peu de poison de-ci de-là, pour se procurer des rêves agréables. Et beaucoup de poisons enfin, pour mourir agréablement. [...] On a son petit plaisir pour le jour et son petit plaisir pour la nuit : mais on respecte la santé. "Nous avons inventé le bonheur", disent les derniers hommes, et ils clignent de l'œil[3]. »

On pourrait effectivement dire que le grand écart entre le laxisme du monde occidental et la réaction qu'il provoque chez les fondamentalistes s'apparente de plus en plus à l'opposition entre une longue vie plaisante et riche tant sur le plan matériel que culturel, et une vie consacrée à une cause supérieure. Cet antagonisme n'est-il pas celui qui existe entre ce que Nietzsche nomme le nihilisme actif et le nihilisme passif ? Nous sommes, en Occident, ces derniers hommes nietzschéens, absorbés par nos stupides plaisirs quotidiens, alors que les islamistes radicaux sont prêts à risquer n'importe quoi, à s'engager dans le combat jusqu'à l'autodestruction. *La Seconde Venue*, poème de William Butler Yeats, semble restituer à merveille la situation difficile qui est la nôtre : « Les meilleurs ne croient plus à rien, les pires se gonflent de l'ardeur des passions mauvaises[4]. » Voilà une excellente description du fossé actuel entre la léthargie des libéraux et la ferveur des fondamentalistes. « Les meilleurs » ne sont plus capables d'engagement digne de ce nom, et « les pires » versent dans un fanatisme raciste, religieux et sexiste.

Mais cette description convient-elle vraiment aux fondamentalistes terroristes ? Ce qui leur fait clairement défaut, c'est une caractéristique facilement repérable chez tous les authentiques fondamentalistes, des bouddhistes tibétains aux Amish américains : l'absence de ressentiment et de jalousie, la profonde indifférence que leur inspire le mode de vie des non-croyants. Si les soi-disant fondamentalistes d'aujourd'hui croient avoir trouvé le chemin de la Vérité, pourquoi devraient-ils se sentir menacés par les non-croyants, en quoi devraient-ils les envier ? Lorsqu'un bouddhiste rencontre un hédoniste occidental, il ne le condamne pas. Il remarque seulement avec bienveillance que la recherche du bonheur de l'hédoniste est contre-productive. Contrairement aux vrais fondamentalistes, les terroristes pseudo-fondamentalistes sont profondément dérangés, intrigués et fascinés par la vie immorale des non-croyants. On sent bien qu'en combattant l'autre, le pécheur, c'est leur propre tentation qu'ils combattent.

C'est à cet égard que le diagnostic de Yeats ne convient finalement pas à la situation actuelle : les « passions mauvaises » des terroristes témoignent d'un manque flagrant de conviction. Qu'elle doit être fragile, la foi d'un musulman, pour qu'il se sente menacé par une pauvre caricature dans un hebdomadaire satirique ! La terreur islamique fondamentaliste n'est pas fondée sur le sentiment de supériorité des terroristes, ni sur leur désir de protéger leur identité culturelle et religieuse des assauts de la civilisation consumériste mondiale. Le problème des fondamentalistes n'est pas que nous les jugions inférieurs à nous, mais plutôt qu'eux-mêmes s'estiment secrètement inférieurs. C'est pourquoi nos déclarations condescendantes et politiquement correctes selon lesquelles nous ne nous estimons pas supérieurs à eux ne font qu'exalter leur colère et alimenter leur ressentiment. Le problème n'est pas la différence culturelle (les efforts qu'ils fournissent pour préserver leur identité), c'est au contraire le fait que les fondamentalistes sont déjà comme nous, qu'en secret ils ont déjà assimilé nos normes et se jugent eux-mêmes à l'aune de celles-ci. Paradoxalement, ce dont les fondamentalistes manquent cruellement, c'est une bonne dose de ce sentiment « raciste » de supériorité.

Les récentes vicissitudes du fondamentalisme musulman confirment la sagacité de Walter Benjamin, qui disait en son temps que tout avènement du fascisme témoignait d'une révolution ratée : la montée du fascisme signe l'échec de la gauche, mais, dans le même temps, c'est la preuve qu'il y avait un potentiel révolutionnaire, un mécontentement, sur lesquels la gauche n'a pas réussi à mobiliser. Et cette thèse ne s'applique-t-elle pas au prétendu « islamo-fascisme » d'aujourd'hui ? La montée de l'islamisme radical n'est-elle pas l'exact corrélé de la disparition de la gauche laïque dans les pays musulmans ? Lorsqu'au printemps 2009 les talibans ont assis leur pouvoir dans la vallée de Swat au Pakistan, le *New York Times* rapporte qu'ils ont orchestré « une révolte de classe, en exploitant les profondes fractures qui existaient entre un petit groupe de riches propriétaires terriens et leurs locataires sans terre[5] ». Si, toutefois, en « profitant » de la détresse de ces fermiers, les talibans « tirent la sonnette d'alarme à propos des risques au Pakistan, pays qui reste majoritairement féodal », qu'est-ce qui empêche les démocrates libéraux du Pakistan et des États-Unis de « profiter » eux aussi de cette détresse pour essayer de venir en aide à ces paysans sans terre ? Le triste sous-entendu dans cette histoire est que les forces féodales de ce pays sont l'« allié naturel » de la démocratie libérale…

Alors, qu'en est-il des valeurs essentielles du libéralisme : liberté, égalité, etc. ? Le paradoxe, c'est que le libéralisme à lui tout seul n'est pas assez fort pour protéger ces valeurs de la poussée des fondamentalistes. Le fondamentalisme est une réaction – erronée et déroutante – contre un défaut réel du libéralisme, et c'est pour cela qu'il est encore et toujours généré par ce dernier. S'il fait cavalier seul, le libéralisme court à sa propre perte – la seule chose qui puisse sauver ses valeurs, c'est une gauche renouvelée. Afin que cet héritage essentiel survive, le libéralisme a besoin de l'aide fraternelle de la gauche radicale. C'est le seul moyen de vaincre le fondamentalisme, de le renverser.

Penser en réaction à la tuerie de Paris implique de laisser tomber l'autosatisfaction du libéral laxiste et d'accepter que le conflit entre laxisme libéral et fondamentalisme religieux soit au final un faux conflit – un cercle vicieux dans lequel deux pôles se génèrent et se présupposent l'un l'autre. Ce qu'a dit Max Horkheimer dans les années 1930 à propos du fascisme et du capitalisme – si l'on se refuse à critiquer le capitalisme, alors on devrait aussi se taire sur le fascisme – peut tout à fait s'appliquer au fondamentalisme actuel : ceux qui ne sont pas prêts à critiquer la démocratie libérale devraient aussi se taire sur le fondamentalisme religieux. Et c'est sous cet angle que nous devrions également aborder la question suivante : le fondamentalisme musulman est-il un phénomène prémoderne ou moderne ?

Si l'on demande à un anticommuniste russe quelle mouvance est responsable des horreurs du stalinisme, on peut obtenir deux réponses opposées. Certains voient dans le stalinisme (et dans le bolchevisme en général) un simple chapitre de la longue histoire de la modernisation occidentale de la Russie, tradition ayant commencé avec Pierre le Grand (voire avec Ivan le Terrible), et d'autres y voient l'arriération russe, la longue tradition despotique orientale qui prédominait dans ces contrées. Donc, alors que pour le premier groupe, des progressistes tournés vers l'Occident ont rompu brutalement le cours de la vie traditionnelle russe, imposant une terreur d'État, dans l'esprit du second, la tragédie de la Russie réside dans le fait que la révolution socialiste est arrivée au mauvais endroit au mauvais moment, dans un pays en retard, dépourvu de tradition démocratique. Et ne peut-on pas dire la même chose du fondamentalisme musulman, qui a trouvé sa plus extrême expression (jusqu'à maintenant) dans la création de l'EIIL* ?

C'est devenu un lieu commun de dire que l'avènement de l'EIIL constitue le dernier chapitre en date de la longue histoire de la renaissance anticoloniale (les frontières décidées arbitrairement par les grandes puissances au lendemain de la Première Guerre mondiale étant en train d'être redessinées), mais aussi un chapitre dans la lutte contre l'affaiblissement du pouvoir des États-nations engendré par le capital mondial. Mais ce qui suscite le plus d'effroi et de consternation, c'est une autre caractéristique du régime de l'EIIL : les déclarations publiques des autorités stipulent clairement que la principale mission du pouvoir n'est pas de légiférer pour le bien-être de sa population (santé, lutte contre la faim), non, ce qui prime, c'est la vie religieuse, le soin apporté à ce que chaque aspect de la vie publique soit conforme aux lois religieuses. C'est pour cette raison que l'EIIL reste relativement indifférent face aux catastrophes humanitaires à l'intérieur de son territoire – leur devise étant à peu de chose près « Occupons-nous de religion et le bien-être adviendra

_____

* L'État islamique en Irak et au Levant. (*Toutes les notes de bas de page sont de la traductrice.*)

tout seul ». C'est là la fracture entre le pouvoir pratiqué par l'EIIL et la notion moderne occidentale de ce que l'on appelle communément « biopouvoir », que le califat de l'EIIL rejette en bloc.

Cela ancre-t-il pour autant l'EIIL dans l'ère prémoderne ? Cela le résume-t-il à une tentative désespérée de remonter le cours de l'histoire pour tourner le dos au progrès ? L'ironie de la chose est que même si les fondamentalistes musulmans remontent à la laïcisation de la société (incarnée par la Révolution française) pour identifier le moment où l'Occident a fait fausse route, on peut néanmoins affirmer qu'en ce qui concerne leur mode de fonctionnement, « les djihadistes de l'EIIL n'ont rien de moyenâgeux – ils sont façonnés par la philosophie occidentale moderne ». Si nous voulons comprendre d'où l'État islamique tire son idéologie et sa violence, c'est donc vers la France qu'il faut se tourner, à l'époque de la Révolution : selon le penseur indopakistanais Abul Ala Maududi, inventeur du terme contemporain « État islamique », la Révolution française « offrait la promesse d'un "État fondé sur une série de principes" par opposition à un État fondé sur une nation ou un peuple. Mais pour Maududi, la France a laissé ce potentiel dépérir : sa mise en œuvre ne verrait le jour que dans un État islamique. Dans la France révolutionnaire, c'est l'État qui crée ses citoyens, et rien ne doit pouvoir s'interposer entre le citoyen et l'État. [...] Ce citoyen universel, extrait de la communauté, de la nation, ou de l'histoire, se trouve au cœur de la vision de la "citoyenneté dans l'islam" qu'entretient Maududi. [...] Si l'organisation de l'EIIL est résolument moderne, sa violence ne l'est pas moins. Les combattants de l'EIIL ne se contentent pas de tuer, ils cherchent à humilier, comme nous l'avons vu la semaine dernière lorsqu'ils ont escorté vers leur mort des réservistes syriens qui ne portaient que leurs sous-vêtements[6]. »

Bien qu'il y ait une part de vérité dans ces remarques, la thèse qui les sous-tend pose véritablement problème. Tout d'abord, elle s'apparente un peu trop à l'autoflagellation politiquement correcte occidentale qui consiste à dire que « si quelque chose de terrible survient dans le Tiers-Monde, ce doit être d'une façon ou d'une autre un effet du (néo) colonialisme... » Mais aussi et surtout, le parallèle entre l'EIIL et la Révolution française est purement formel, tout comme celui qui consiste à faire du nazisme et du stalinisme deux versions du même « totalitarisme » : une même série de mesures tyranniques peut cacher non seulement une réalité sociale et un contenu idéologique différents, mais un mode de fonctionnement différent lui aussi (par exemple, il n'y a rien de semblable aux purges staliniennes dans le nazisme). La part de vérité se niche dans le fait que le motif religieux de la complète subordination de l'homme à Dieu (que l'on trouve, entre autres, dans l'islam), loin d'entretenir une image d'esclavage, d'asservissement, peut aussi nourrir un projet d'émancipation universelle, comme on le voit dans l'ouvrage *Jalons sur la route* de Sayyid Qutb, dans lequel il développe le lien entre liberté universelle et soumission de l'homme à Dieu :

> Lorsque le pouvoir suprême appartient dans une société à Dieu seul – pouvoir représenté par le règne de la législation de Dieu –, c'est la seule situation dans laquelle les individus sont entièrement et réellement libérés de l'adoration de leurs semblables. Ce sera ainsi la civilisation humaine, parce que la civilisation de l'homme exige une base essentielle de l'entière et réelle libération de l'homme et une dignité absolue pour tout individu dans la société. Réellement, il n'y a ni liberté, ni dignité pour l'homme – n'importe quel homme – dans une société dont une partie se compose de seigneurs qui commandent et l'autre partie d'esclaves qui obéissent[7] ! [...] Dans une société fondée sur un concept, une croyance et un mode de vie qui trouvent leur origine dans Dieu, la dignité de l'homme

est préservée au plus haut degré : personne n'est l'esclave de personne, à la différence des sociétés dont le concept, les croyances et le mode de vie ont une origine humaine. Dans le premier exemple, les caractéristiques les plus nobles de l'homme – tant spirituelles qu'intellectuelles – s'épanouissent pleinement, tandis que dans une société fondée sur la couleur de la peau, la race, le nationalisme, ou tout autre concept semblable, ces concepts mêmes dégénèrent en chaînes qui entravent la pensée humaine et détruisent au final les qualités et les attributs humains les plus nobles. Tous les hommes sont égaux quelle que soit leur couleur, leur race, leur nation, mais lorsqu'ils sont privés d'esprit et de raison, ils sont aussi dépouillés de leur humanité. L'homme peut changer de croyances, de façon de penser, d'attitude envers la vie, mais il ne peut pas changer sa couleur de peau ni sa race, il ne peut pas non plus décider de l'endroit ou de la nation où il naît. Il est donc évident qu'une société est civilisée seulement dans la mesure où les associations humaines se fondent sur une communauté de libre choix moral, et qu'une société est arriérée si la base de sa constitution est autre chose que le libre choix[8].

Qutb envisage donc la liberté universelle (et aussi sociale et économique) comme l'absence de maîtres, quels qu'ils soient : ma soumission à Dieu est la garantie en négatif du rejet de tous les autres maîtres (terrestres, humains) – ou, pour le dire de façon plus osée, le seul contenu positif de ma soumission à Dieu est le refus de tout maître terrestre. (Et, à propos, c'est exactement la même logique qui est à l'œuvre dans le plaidoyer de Hayek en faveur du marché : « En effet, argumente Hayek, [...] le mal, c'est lorsque les hommes dépendent de la volonté arbitraire d'un autre. La condition de la liberté, c'est d'échapper à cette subordination, le remède consistant en ce que chacun se soumette à une règle abstraite, impersonnelle et universelle qui le dépasse absolument[9]. » Le dieu de Qutb occupe ainsi la même place que le marché de Hayek : tous deux garantissent la liberté individuelle.) Il faut noter, cependant, l'absence symptomatique d'un terme dans l'énumération des caractéristiques naturelles de l'homme : on ne peut pas changer la couleur de sa peau, sa race ou sa nation, mais pas non plus de sexe, alors pourquoi une société libre n'inclut-elle pas l'égalité hommes-femmes ? C'est au travers de tels détails que l'on perçoit le fossé indépassable entre la vision de Qutb et le projet occidental d'une égalité fondée sur la souveraineté du peuple, sans garantie aucune d'un dieu quel qu'il soit.

La résistance au capitalisme mondial ne devrait pas reposer sur des traditions prémodernes, sur la défense de leur habitus propre – pour la simple et bonne raison qu'un tel retour à des traditions prémodernes est impossible, puisque la mondialisation affecte déjà toute forme de résistance à son égard : ceux qui s'opposent à la mondialisation au nom des traditions qu'elle menace le font d'une manière moderne, ils parlent déjà le langage de la modernité. Du point de vue du contenu, ils sont peut-être antiques, mais leur forme est ultramoderne. Donc, au lieu d'envisager l'EIIL comme un cas de résistance extrême à la modernisation, il serait plus judicieux de le voir comme un exemple de modernisation corrompue et de le situer dans la série des modernisations conservatrices qu'a inaugurée la restauration de Meiji au Japon (une industrialisation rapide qui prit la forme idéologique d'une « restauration », d'un retour à la pleine autorité de l'empereur). La célèbre photo de Baghdadi, chef de l'EIIL, avec une très belle montre suisse au poignet, est tout à fait emblématique : l'EIIL est très organisé en termes de propagande sur le Net, de transactions financières, etc., bien que ces pratiques ultramodernes aient pour but de diffuser et d'imposer une vision politico-idéologique qui, si elle n'est pas conservatrice, est en tout cas une tentative désespérée de fixer des limites hiérarchiques nettes, surtout dans les domaines de la religion, de l'éducation et de la sexualité (réglementation clairement asymétrique de la différence hommes-femmes, interdiction de l'enseignement laïc...).

Toutefois, il ne faut pas oublier que cette image d'organisation fondamentaliste aux règles et à la discipline strictes comporte ses ambiguïtés : l'oppression religieuse n'est-elle pas complétée par le mode opératoire des milices armées locales de l'EIIL, et même plus que ça ? Alors que l'idéologie officielle fustige le laxisme occidental, les gangs de l'EIIL ont entre autres pour pratique quotidienne le viol collectif, la torture et le meurtre, le vol des infidèles. Cette radicalité inouïe tient au fait que l'EIIL ne cache pas sa brutalité, mais au contraire la revendique ouvertement : décapitations diffusées dans les médias, esclavage sexuel toléré et justifié, etc. Prenons une version extrême de ce dernier aspect, la mouvance nigériane Boko Haram, dont le nom signifie à peu de chose près « l'enseignement occidental est interdit », en particulier l'instruction des femmes. Comment expliquer l'existence d'un mouvement sociopolitique de masse dont le programme se fonde sur la réglementation hiérarchique de la relation entre les sexes ? L'énigme est la suivante : pourquoi les musulmans, qui furent indubitablement victimes d'exploitation, de domination et de divers autres aspects destructeurs et humiliants du colonialisme, réagissent-ils en prenant pour cible ce qu'il y a de meilleur (du moins pour nous) dans l'héritage occidental, à savoir notre système égalitaire et nos libertés individuelles, avec à la clé une dose salutaire d'ironie et de dérision à l'égard de toute forme d'autorité ? La réponse qui vient à l'esprit est que leur cible est bien choisie : ce qui rend l'Occident libéral si insupportable, c'est que non seulement il est coupable d'exploitation et de domination brutale, mais qu'en plus, comble d'insulte, il déguise cette réalité cruelle pour la présenter comme l'incarnation de la liberté, de l'égalité et de la démocratie.

C'est à la lumière de ce paradoxe qu'il faudrait aborder le sujet sensible de la multiplicité des modes de vie. Tandis que dans les sociétés libérales laïques occidentales l'État protège la liberté publique et intervient dans la sphère privée (lorsqu'il y a par exemple suspicion d'enfants maltraités), les « intrusions dans l'espace domestique, la violation du domaine privé ne sont pas autorisées par la loi islamique, même si les exigences en matière de comportement public sont bien plus strictes[10] » (p. 37) : « Pour la communauté, c'est la pratique sociale du sujet musulman qui importe – y compris la prise de parole en public – et non les pensées intérieures, quelles qu'elles puissent être » (p. 40). Bien que, comme l'indique le Coran, « Croira qui voudra et niera qui voudra[11] » (XVIII, 29), ce « droit à penser ce que bon nous semble n'inclut pas le droit d'exprimer publiquement ses croyances religieuses ou morales avec l'intention de convertir son prochain à une fausse dévotion » (p. 40). C'est pourquoi, pour les musulmans, « il est impossible de se taire face au blasphème » : si leur réaction est si virulente, c'est parce que pour eux, « le blasphème ne tient ni de la liberté d'expression ni du défi que pose une nouvelle vérité, mais de l'acte qui cherche à perturber une relation vivante » (p. 46). Du point de vue libéral occidental, les deux pendants de ce ni/ni posent de toute évidence un problème : et si la liberté d'expression devait inclure des actes susceptibles de perturber une relation vivante ? Et si une « nouvelle vérité » pouvait avoir le même effet perturbateur ? D'un autre côté, le monde de la science ne tend-il pas à perturber toute « relation vivante » traditionnelle ? Et si une nouvelle prise de conscience éthique faisait apparaître la relation vivante en question injuste ?

Si pour les musulmans il est non seulement « impossible de se taire face au blasphème », mais aussi impossible de ne pas réagir – cette incitation à agir peut tout à fait inclure des actes violents et meurtriers –, la première chose à faire est de replacer cette attitude dans son contexte contemporain. N'en va-t-il pas exactement de même pour le mouvement chrétien anti-avortement ? Pour eux, il est tout aussi « impossible de se taire » face aux centaines de milliers de fœtus tués chaque année, un massacre qu'ils comparent à l'holocauste. C'est là que commence la vraie tolérance – la tolérance de ce que nous tenons pour « impossible à supporter » (Lacan) –, et dans ce registre, la bien-pensance de gauche flirte avec le fondamentalisme religieux et sa litanie du « Il est impossible de se taire face à » ce qui est perçu comme du sexisme, du racisme ou toute autre forme d'intolérance (nos propres « blasphèmes »). Que se passerait-il par exemple si un journal se moquait ouvertement de l'holocauste ? Il est facile de railler la loi islamique qui régente la vie quotidienne dans ses moindres détails (caractéristique partagée avec le judaïsme, au passage), mais qu'en est-il de la liste politiquement correcte des tentatives de séduction qui peuvent être prises pour du harcèlement, des blagues que l'on peut considérer comme racistes, sexistes, ou même spécistes (dans le cas où quelqu'un se moque un peu trop d'espèces animales autres que la nôtre) ? Ce qu'il faut souligner ici, c'est la contradiction propre à la posture de la gauche libérale : cette posture libertaire de l'ironie et de la dérision universelles, qui défend le droit de se moquer de toutes les autorités, tant religieuses que politiques (la position incarnée par *Charlie Hebdo*), tend justement à glisser vers son contraire, à savoir une sensibilité exacerbée à la douleur et à l'humiliation de l'autre.

Le problème, c'est que la solution évidente qui consiste à proposer la tolérance et le respect mutuel des sensibilités de chacun ne fonctionne pas : si les musulmans trouvent « impossibles à supporter » nos images blasphématoires et notre humour téméraire (que nous, nous considérons comme faisant partie de nos libertés), la gauche libérale trouve, elle, « impossibles à supporter » de nombreuses pratiques qui font partie de la « relation vivante » des musulmans (la subordination des femmes, etc.). En bref, la situation devient explosive dès lors qu'une communauté religieuse se sent blessée ou menacée dans son mode de vie, non pas par une attaque directe contre sa religion, mais par le mode de vie même d'une autre communauté. On a ainsi pu le voir avec les agressions d'homosexuels et de lesbiennes aux Pays-Bas, en Allemagne et au Danemark, ou encore avec ces Françaises et ces Français qui voient la femme en burqa comme un affront à leur identité, raison pour laquelle ils trouvent eux aussi « impossible de se taire » lorsqu'ils croisent une femme ainsi couverte parmi eux. Il ne faut pas chercher les origines du libéralisme dans une sorte d'individualisme exacerbé ; à l'origine, il s'agissait davantage d'une réponse au problème que pose la proximité de deux groupes ethniques ou religieux vivant en voisins mais possédant des modes de vie incompatibles.

Quant à la relation entre liberté publique et privée, il est vrai que pour l'Occident démocratique, la liberté est sociale : elle n'a de sens que si elle dépasse le cadre de la conviction personnelle, si elle est socialisée, si elle inclut non seulement le droit d'émettre ses positions en public dans le but de convaincre (« séduire ») les autres, mais aussi d'agir socialement sur eux. Cela ne veut pas dire pour autant, s'agissant de la liberté et des convictions personnelles, que le libéralisme occidental prône l'intrusion dans la sphère privée en vue d'établir une sorte de contrôle totalitaire de la pensée. Le problème du libéralisme démocratique est ici celui de la séduction : quand je pense être vraiment libre, agir en homme libre, ne suis-je pas en fait séduit par des images et une rhétorique ? Lorsque Asad aborde le sujet de la séduction, il oppose à nouveau l'islam et l'Occident libéral : l'Occident condamne le viol (violence extérieure) et non seulement tolère mais célèbre la séduction, alors que l'islam juge la séduction bien pire :

> Dans une société libérale, le viol, la sujétion du corps d'une autre personne contre sa volonté pour son propre plaisir sexuel est un crime grave, alors que la séduction – la simple manipulation du désir d'une autre personne – ne l'est pas. Le premier cas est perçu comme une violence, le second, non. [...] Dans les sociétés libérales, la séduction n'est pas seulement permise, elle est aussi valorisée en tant que signe de liberté individuelle (p. 31).

Asad poursuit sa réflexion avec deux remarques implicitement critiques : tout d'abord, la différence entre coercition et séduction dans le « jeu de la séduction » n'est pas claire et nette, car il existe une vaste zone entre ces deux extrêmes ; et ensuite, dans les sociétés libérales, la séduction est un élément clé de la marchandisation : « L'individu, en tant que consommateur et électeur, est soumis à diverses formes de tentations, qui peuvent solliciter sa cupidité, sa vanité, sa convoitise, son désir de vengeance, etc. Ce qui, en d'autres circonstances, pourrait être perçu comme un manquement à la morale et condamné en tant que tel, est ici essentiel au fonctionnement d'un type particulier d'économie et de régime politique » (p. 31). La séduction est un mode de manipulation puisque la personne séduite perd son autonomie : « Séduire, c'est inciter quelqu'un à ouvrir son moi le plus intime à des images, des sons ou des mots proposés par le séducteur, et conduire la personne séduite – en toute connaissance de cause ou involontairement – jusqu'au but initialement fixé par le séducteur » (p. 32). Cette « tolérance » libérale de la séduction (qui subvertit de fait le sujet libre et autonome, faisant de lui une victime passive de *stimuli* extérieurs, de sorte que la liberté à la sauce libérale n'est rien d'autre, en vérité, que la liberté d'être séduit et manipulé par les autres) est ensuite opposée à la théologie musulmane, dans laquelle « la séduction est un sujet de vive préoccupation – et pas uniquement au chapitre du sexe » : « La séduction sous toutes ses formes était nécessairement dangereuse en partie pour l'individu (car elle dénotait une perte de la maîtrise de soi) mais aussi pour l'ordre social (elle était susceptible de provoquer violences et troubles sociaux). » L'exception étant l'économie de marché libérale occidentale, dont le fonctionnement routinier et la stabilité reposent sur un jeu complexe de séductions politiques et financières, la conclusion qui s'impose est que le système libéral est intrinsèquement absurde et corrompu, dans la mesure où son fonctionnement dépend des vices mêmes qu'il condamne ouvertement.

Il faut en premier lieu souligner que la séduction, qu'il s'agisse du potentiel d'attraction des marchandises ou de manipulation politique, constitue la base de la critique rationaliste laïque éclairée. La différence avec l'islam est qu'un rationaliste laïc occidental aurait ajouté la séduction religieuse à la liste : les « pratiques incarnées » qui « fournissent le substrat par lequel on développe une tendance pieuse » ne sont-elles pas aussi des techniques de séduction ? Le fait d'« habiter son modèle », qui implique « un sentiment d'intimité et du désir envers la figure de l'autorité », n'est-il pas le résultat d'une séduction ? L'émulation du prophète, par la fascination mimétique qu'elle entraîne, n'est-elle pas un moyen de séduction ? Quel que soit le contenu au final, le procédé à l'œuvre n'est-il pas rigoureusement le même ?

À l'extrême rigueur, on pourrait soutenir que la séduction est pire que le viol : lorsqu'une femme se fait violer, son âme demeure en théorie intacte, non corrompue, ce qui n'est pas le cas lorsqu'elle succombe à une entreprise de séduction érotique. Il y a cela dit beaucoup de présupposés inavoués à l'œuvre ici. Se pose non seulement la question des conséquences psychiques du viol, ou de la séduction violente (qui manipule brutalement la victime), mais aussi celle du pouvoir de séduction que pourrait avoir la mise en scène de la violence elle-même. Pour aller plus loin : pourquoi la séduction devrait-elle *a priori* se résumer à un processus dans lequel le séducteur manipule la victime contre son gré ? Et si la victime n'était pas une victime mais désirait être séduite et le faisait même comprendre par des signes ? Dans une telle situation, qui séduit qui, en fin de compte ? Rappelons-nous l'interdiction ridicule du port de talons métalliques édictée par les talibans à l'encontre des femmes – comme si, même entièrement couverte de tissu, une femme pouvait encore provoquer un homme par le cliquètement de ses talons… Ce besoin de voiler les femmes des pieds à la tête suppose un univers extrêmement sexualisé, dans lequel le simple fait de croiser une femme est une provocation à laquelle aucun homme ne peut résister. Si la répression est si forte, c'est parce que le sexe lui-même est un élément fort – mais quelle est cette société dans laquelle le clac-clac d'une paire de chaussures peut faire exploser les hommes de désir ? Il n'y a rien d'étonnant à ce que Freud rapporte, au cours de l'analyse qu'il fait de son propre oubli du nom Signorelli dans *Psychopathologie de la vie quotidienne*, les confidences d'un vieux musulman de Bosnie-Herzégovine – pour eux il n'y avait rien de meilleur dans la vie que les plaisirs sexuels : « Tu sais bien, Herr (Seigneur), que lorsque *cela* ne va plus, la vie n'a plus aucune valeur. »

L'indulgence à l'égard des violeurs dans les pays musulmans semble donc partir du principe qu'un homme qui viole une femme y a été contraint par la séduction (la provocation) qu'elle a exercée sur lui – une telle lecture du viol n'est pas rare dans les médias. À l'automne 2006, les propos du cheikh Taj Din al-Hilali, le plus haut dignitaire musulman australien, ont provoqué un tollé, à la suite de l'emprisonnement d'un groupe de musulmans pour viol collectif : « Si vous mettez de la viande sans emballage dans la rue [...] et que les chats viennent la manger... À qui la faute ? Aux chats ou à la viande sans emballage ? La viande exposée, voilà le problème. » La nature explosive et scandaleuse de cette comparaison d'une femme non voilée à de la viande crue sans emballage a détourné l'attention d'un autre postulat, bien plus surprenant, qui soustend le raisonnement d'al-Hilali et qui est le suivant : si l'on considère que les femmes sont responsables du comportement sexuel des hommes, cela n'implique-t-il pas que les hommes sont totalement impuissants lorsqu'ils sont confrontés à ce qu'ils perçoivent comme une provocation sexuelle, qu'ils sont tout bonnement incapables d'y résister, qu'ils sont esclaves de leur appé-tit sexuel, précisément comme les chats quand ils voient de la viande crue ? Par opposition à la présomption d'absence totale de responsabilité masculine dans leur propre comportement sexuel, l'accent qui est mis sur l'érotisme féminin en Occident tient à l'hypothèse que les hommes sont capables de retenue, qu'ils ne sont pas des esclaves aveuglés par leurs pulsions sexuelles. Les étranges dispositions légales iraniennes en la matière confirment bien que la responsabilité de l'acte sexuel est entièrement imputable à la femme : le 3 janvier 2006, une jeune fille de dix-neuf ans a été condamnée à mort par pendaison après avoir poignardé, de son propre aveu, l'un des trois hommes qui tentaient de la violer. Voici l'impasse dans laquelle on se trouve : qu'aurait été le résultat si elle avait décidé de ne pas se défendre ? Si elle avait laissé ces hommes la violer, elle aurait été condamnée à cent coups de fouet en vertu de la loi iranienne sur la chasteté ; si elle avait été mariée à l'époque des faits, elle aurait probablement été jugée coupable d'adultère et condamnée à mort par lapidation. Donc, quel que soit le cas de figure, la responsabilité lui incombe entièrement. Alors qu'aurait-elle dû faire ? La réponse est claire et nette : *rester chez elle*, ne pas sortir seule.

La différence à laquelle nous avons affaire n'est pas celle qui existe entre divers modes de vie communautaires, mais une différence plus radicale, qui réside dans notre rapport à notre propre mode de vie : nous identifions-nous profondément à lui ou le considérons-nous comme une contingence ? C'est ce qui fait de la question de l'éducation obligatoire universelle un sujet si controversé : les libéraux tiennent à ce que les enfants d'une communauté particulière puissent avoir le droit d'y demeurer, mais à condition d'avoir le choix – disons à titre d'exemple qu'aux États-Unis, on devrait laisser aux enfants amish la liberté de choisir entre le mode de vie de leurs parents et celui « des Anglais* », et les informer de toutes les options possibles –, mais il faudrait pour cela inévitablement les extraire de leur communauté amish, c'est-à-dire les rendre « anglais ». Cela démontre aussi clairement les limites de l'attitude libérale classique à l'égard des musulmanes voilées : on

_____

* C'est ainsi que les Amish désignent le monde extérieur, les non-Amish.

tolère qu'elles se voilent à condition que cela relève de leur choix et non d'une obligation imposée par leur mari ou leur famille. Cependant, dès l'instant qu'il s'agit d'un choix, la signification du port du voile change radicalement : il ne s'agit plus d'un signe d'appartenance forte à la communauté musulmane, mais de l'expression d'une individualité singulière, d'une quête spirituelle, d'une protestation contre la vulgarité de la marchandisation sexuelle actuelle, ou d'un geste politique contre l'Occident. Un choix est toujours un méta-choix, un choix de la modalité du choix lui-même : c'est une chose de porter le voile parce qu'on est en immersion immédiate dans une tradition, c'en est tout à fait une autre de refuser de le porter, et c'en est une autre encore de le porter non par sentiment d'appartenance, mais pour exprimer un choix politico-éthique. C'est pourquoi, dans nos sociétés laïques dites du choix, ceux qui manifestent une appartenance religieuse forte se retrouvent en position subordonnée : bien qu'ils aient le droit de pratiquer leurs croyances, leur foi n'est « admise » que comme choix (ou opinion) personnel et idiosyncratique ; dès qu'ils la présentent ouvertement comme ce qu'elle est réellement pour eux (une affaire d'appartenance primordiale), on les accuse de « fondamentalisme ». Cela signifie donc que le « sujet exerçant son libre arbitre » (au sens où l'entend notre société multiculturelle « tolérante ») ne peut émerger qu'au terme d'un processus extrêmement violent d'arrachement à son univers particulier, de rupture avec ses racines.

La loi laïque occidentale ne se contente pas de promouvoir un contenu différent de celui des organes juridiques religieux, elle s'appuie aussi sur un mode formel différent, à savoir sur la façon dont les sujets s'identifient à ces dispositions légales. Et c'est ce qui est omis lorsqu'on réduit de façon simpliste le fossé entre universalisme libéral et primauté des identités ethniques à un simple écart entre deux particularismes (« L'universalisme libéral est une illusion, un masque qui dissimule sa particularité propre, qu'il impose aux autres comme étant universelle »). L'universalisme d'une société libérale occidentale ne repose pas sur le fait que ses valeurs (droits de l'homme, etc.) sont universelles au sens où elles sont valables pour toutes les cultures, mais au sens bien plus radical où les individus s'envisagent eux-mêmes comme des êtres « universels » en prise directe avec le monde, abstraction faite de leur statut social particulier. Le problème que posent les lois expressément faites pour des groupes ethniques ou religieux, c'est que tout le monde ne s'envisage pas

comme membre appartenant à telle communauté eth-
nique ou religieuse – alors, indépendamment de ces
personnes qui appartiennent à des groupes, il devrait
y avoir des individus « universels » qui n'aient d'autre
appartenance que la loi de l'État. Indépendamment des
pommes, des poires et des raisins, il devrait y avoir une
place pour les fruits en tant que tels.

II

Incursion dans les archives de l'islam

Cette analyse, qui se concentre sur la situation difficile qui est la nôtre actuellement, devrait s'accompagner d'une exploration de l'histoire : qu'est-ce que l'islam, cet excès dérangeant que représente l'Orient pour l'Occident et l'Occident pour l'Orient ? Dans son ouvrage *La Psychanalyse à l'épreuve de l'islam*, Fethi Benslama[12] a recours de façon systématique aux « archives » de l'islam, à son support secret, mythique, qui *ne cesse pas de ne pas s'écrire**, et en tant que tel entretient le dogme. L'histoire d'Agar n'est-elle pas par exemple une « archive » de l'islam ayant trait à l'enseignement explicite de cette religion, tout comme l'histoire de Moïse se rapporte à des enseignements du judaïsme ? Dans son évocation de Moïse en tant que personnage freudien, Eric Santner expose la différence essentielle entre l'histoire symbolique (l'ensemble des récits explicites mythiques et des prescriptions idéologico-éthiques qui constituent la tradition d'une communauté, ce que

---

* En français dans le texte.

Hegel aurait appelé sa « substance éthique ») et son Autre obscène, histoire inavouable, secrète, « spectrale », fantasmatique, qui sous-tend en réalité la tradition symbolique explicite mais qui doit rester inaccessible pour opérer[13]. Ce que Freud entreprend de reconstituer dans son ouvrage sur Moïse (l'histoire de Moïse assassiné, etc.), c'est cette histoire spectrale qui hante l'espace de la tradition juive. On ne devient membre à part entière d'une communauté que lorsque, après s'être identifié à sa tradition symbolique explicite, on adopte également la dimension spectrale qui sous-tend cette tradition, les fantômes qui hantent les vivants, l'histoire secrète des fantasmes traumatisants transmise « entre les lignes », à travers les lacunes et les déformations de la tradition symbolique explicite. L'attachement entêté du judaïsme pour son geste fondateur, tant violent que non reconnu, qui hante l'ordre juridique public a permis aux Juifs de survivre pendant des milliers d'années sans terre et sans tradition institutionnelle commune : ils ont refusé d'abandonner leur fantôme, de rompre avec leur tradition secrète et inavouée. Le paradoxe du judaïsme est qu'il reste fidèle à l'événement fondateur précisément en ne le confessant pas, en ne le symbolisant pas : ce statut « refoulé » de l'événement est ce qui insuffle au judaïsme sa vitalité inouïe.

Quel est, alors, l'événement refoulé qui fait la vitalité de l'islam ? La clé nous est fournie par la réponse à une autre question : comment l'islam, la troisième religion du Livre, s'insère-t-il dans cette série ? Le judaïsme est la religion de la généalogie, de la succession des générations ; alors que dans le christianisme, le Fils meurt sur la croix, ce qui veut dire que le Père meurt aussi (comme Hegel en avait pleinement conscience) – l'ordre généalogique patriarcal meurt donc, le Saint-Esprit n'a pas sa place dans l'ensemble famille, il inaugure une communauté post-paternelle, post-familiale. Contrairement au judaïsme et au christianisme, l'islam exclut Dieu du domaine de la logique paternelle : Allah n'est pas un père, même à l'échelle symbolique – Dieu est un, il n'est pas né, pas plus qu'il ne donne naissance à des créatures. Il n'y a pas de place pour une Sainte Famille dans l'islam. Voilà pourquoi l'islam tient tellement au fait que Mahomet lui-même était orphelin ; voilà pourquoi dans l'islam, Dieu intervient précisément aux moments de suspension, d'interruption, d'échec ou de disparition de la fonction paternelle (lorsque la mère ou l'enfant sont abandonnés ou ignorés par le père biologique). Ce qui signifie que Dieu demeure dans le domaine de l'« impossible réel » : il est le père extérieur, « impossible réel », de sorte qu'il existe un « désert généalogique entre l'homme et Dieu » (p. 320). C'était là le problème de l'islam pour Freud, puisque toute sa théorie sur la religion s'appuie sur le parallèle entre Dieu et le père. Mais surtout, cela inscrit le politique au cœur même de l'islam, puisque ce « désert généalogique » empêche tout ancrage de la communauté dans une structure parentale ou tout autre lien du sang : « Le désert entre Dieu et le père est le lieu où s'institue le politique » (p. 320). Avec l'islam, il n'est plus possible de constituer une communauté à la manière de *Totem et tabou*, à travers le meurtre du père et le sentiment de culpabilité qui réunit les frères – d'où l'actualité inattendue de l'islam. Ce problème est au cœur de la célèbre oumma, la « communauté de croyants » musulmans ; il explique l'imbrication du religieux et du politique (la communauté doit s'ancrer directement dans la parole de Dieu), mais aussi le fait que l'islam « donne le meilleur de lui-même » lorsqu'il ancre les origines d'une communauté « dans le néant », dans le désert généalogique, comme la fraternité révolutionnaire égalitaire – rien d'étonnant à ce que l'islam ait du succès auprès des jeunes hommes privés de réseau familial traditionnel et de la sécurité qu'il procure. Et c'est peut-être le caractère « orphelin » de l'islam qui explique son manque intrinsèque d'institutionnalisation :

> La spécificité de l'islam, c'est que c'est une religion qui ne s'est pas institutionnalisée. À la différence du christianisme, elle ne s'est pas dotée d'une Église. L'Église musulmane, c'est en fait l'État islamique : c'est l'État qui a inventé la prétendue « plus haute autorité religieuse » et c'est le chef de l'État qui a nommé l'homme censé occuper cette fonction ; c'est l'État qui construit les mosquées, qui supervise l'enseignement religieux, l'État encore qui crée les universités, exerce la censure dans tous les domaines culturels, et se considère gardien de la moralité[14].

On voit ici à quel point l'islam est capable du meilleur comme du pire : c'est précisément à cause de ce manque de principe intrinsèque d'institutionnalisation que l'islam est si vulnérable à la récupération par le pouvoir d'État, qui a assuré l'institutionnalisation à sa place. C'est là que réside le choix auquel l'islam est confronté : si la « politisation » directe est inscrite dans sa nature même, cette imbrication du religieux et du politique peut se faire soit au moyen d'une récupération par l'État, soit par des collectifs anti-étatistes.

Contrairement au judaïsme et à l'islam, dans lesquels le sacrifice du fils est évité au dernier moment (lorsque l'ange apparaît à Abraham), « la solution chrétienne opte radicalement, comme on le sait, pour l'effectuation réelle de la mise à mort du fils » (p. 268). Voilà pourquoi, bien que l'islam reconnaisse la Bible comme texte sacré, il doit nier ce fait : dans l'islam, Jésus n'est pas vraiment mort sur la croix : les Juifs ont « dit "Nous avons tué le Messie, Jésus, fils de Marie, prophète de Dieu", alors qu'ils ne l'ont point tué et qu'ils ne l'ont point crucifié, mais ont été seulement victimes d'une illusion » (IV, 157). Il y a en effet dans l'islam une constante anti-sacrificielle : dans la version que donne le Coran du sacrifice d'Isaac, si Abraham décide de tuer son fils, ce n'est pas pour se conformer à la volonté de Dieu, mais à cause d'un défaut d'interprétation du rêve du père : lorsque l'ange empêche Abraham de sacrifier son fils, il dit qu'Abraham a mal compris, que Dieu ne voulait pas vraiment qu'il passe à l'acte (p. 275).

Le fait que, dans l'islam, Dieu soit un impossible réel entraîne une ambivalence à l'égard du sacrifice : cela peut jouer contre lui (il n'y a pas d'économie d'échange symbolique entre Dieu et les fidèles, Dieu est l'être pur, unique et transcendant), mais aussi en sa faveur, lorsque le divin Réel vient à incarner le surmoi des « dieux obscurs qui réclament des sacrifices sans cesse renouvelés » (Lacan, *Le Séminaire*, livre XI). L'islam semble osciller entre ces deux extrêmes, avec pour point culminant de sa logique sacrificielle sa relecture de l'histoire d'Abel et Caïn. Voilà ce que dit le Coran sur « l'histoire des deux fils d'Adam telle qu'elle s'est déroulée. Chacun des deux frères avait fait une offrande, mais celle de l'un fut acceptée, alors que celle de l'autre ne le fut point. "Je te tuerai", dit ce dernier à son frère, qui lui répondit : "Que veux-tu, Dieu n'accepte que ceux qui Le craignent ! Et si tu portes la main sur moi pour me tuer, je n'en ferai pas de même, car je crains trop mon Seigneur, le Maître de l'Univers, pour commettre un pareil crime ! Je préfère que tu te charges, seul, de mes péchés et des tiens, et tu seras alors voué à la Géhenne qui est la juste récompense des criminels." Mais n'obéissant qu'à son instinct bestial, Caïn fut entraîné au meurtre de son frère. Il le tua donc et se trouva de ce fait du nombre des réprouvés » (v, 27-30).

Ici, ce n'est pas seulement Caïn qui désire le meurtre. Abel participe activement à ce désir en provoquant son frère afin que lui-même soit aussi débarrassé de ses péchés. Benslama est très juste quand il dit détecter ici une « haine idéale », différente de la haine primordiale,

53

agressive, éprouvée face à son double (p. 289) : la victime désire elle-même activement le crime dont elle sera victime, de sorte qu'en tant que martyr, elle ira au Paradis, tandis que l'assassin est voué aux flammes de l'enfer. D'un point de vue actuel, on est tenté de se laisser aller à une hypothèse, bien qu'anachronique : la logique « terroriste » du martyr, son souhait de mourir, serait déjà là, dans le Coran – même si, bien sûr, il faut replacer ce phénomène dans le contexte de la modernisation. Comme chacun sait, le problème du monde musulman vient de sa trop brusque confrontation à la modernisation occidentale, qui ne lui a pas permis de « s'occuper » de son traumatisme, ni de construire un espace/écran symbolico-fictionnel à cette fin ; les seules réactions possibles à cet impact étaient ou bien une modernisation superficielle, une pâle copie de l'original vouée à l'échec (comme le montre le régime du Shah d'Iran), ou alors, en l'absence d'un espace symbolique fictionnel adéquat, un recours direct au violent Réel, une guerre ouverte entre la Vérité de l'islam et le Mensonge de l'Occident, sans place aucune pour une médiation symbolique. Dans cette solution « fondamentaliste » (un phénomène moderne sans liens directs avec les traditions musulmanes), la dimension divine se réaffirme dans son surmoi-Réel, comme une explosion meurtrière de violence sacrificielle qui vient acquitter la dette de sang envers l'obscène surmoi divin.

Le cas des deux fils d'Abraham nous fournit une autre différence essentielle entre le judaïsme (qui va de pair avec son prolongement chrétien) et l'islam. Le judaïsme prend Abraham pour père symbolique, c'est-à-dire pour solution phallique de l'autorité paternelle symbolique, de la descendance officielle symbolique, et rejette la seconde femme, mettant par là en œuvre une « appropriation phallique de l'impossible » (p. 153). L'islam, au contraire, opte pour la descendance d'Agar, choisit Abraham cette fois comme père biologique, choix qui maintient une distance entre le père et Dieu, qui retient Dieu dans le domaine de l'Impossible[15] (p. 149).

Le judaïsme et l'islam refoulent l'un comme l'autre leur geste fondateur – mais de quelle façon ? Comme le montre l'histoire d'Abraham et des deux fils qu'il a eus de deux femmes différentes, dans les deux religions, le père ne peut devenir père, ne peut endosser la fonction paternelle, que par l'entremise d'une autre femme. L'hypothèse de Freud est la suivante : le refoulement dans le judaïsme serait lié au fait qu'Abraham est un étranger (un Égyptien), pas un Juif – la figure paternelle fondatrice, qui apporte la révélation et établit l'alliance avec Dieu, doit venir de l'extérieur ; dans l'islam, le refoulement concernerait la femme (Agar, l'esclave égyptienne qui a donné à Abraham son premier fils). Bien qu'Abraham et Ismaël (l'ancêtre de tous les Arabes, selon le mythe) soient mentionnés des dizaines de fois dans le Coran, Agar, elle, n'apparaît jamais, elle s'est vue effacée de l'histoire officielle. Mais elle continue malgré cela de hanter l'islam, des traces de sa présence perdurent dans certains rites, comme l'obligation pour les pèlerins de La Mecque de faire six fois en courant le trajet entre le mont Safa et le mont Marwa, sorte de répétition/reconstitution névrosée de la quête désespérée d'Agar cherchant de l'eau dans le désert pour son fils. Voici comment l'histoire des deux fils d'Abraham, ce lien ombilical essentiel entre le judaïsme et l'islam, est racontée dans la Genèse. Tout d'abord, la naissance d'Ismaël :

> Saraï, femme d'Abram, ne lui avait point donné d'enfants. Elle avait une servante égyptienne, nommée Agar. Et Saraï dit à Abram : Voici, l'Éternel m'a rendue stérile ; viens, je te prie, vers ma servante ; peut-être aurai-je par elle des enfants. Abram écouta la voix de Saraï. Alors Saraï, femme d'Abram, prit Agar, l'Égyptienne, sa servante, et la donna

pour femme à Abram, son mari, après qu'Abram eut habité dix années dans le pays de Canaan.

Il alla vers Agar, et elle devint enceinte. Quand elle se vit enceinte, elle regarda sa maîtresse avec mépris. Et Saraï dit à Abram : L'outrage qui m'est fait retombe sur toi. J'ai mis ma servante dans ton sein ; et, quand elle a vu qu'elle était enceinte, elle m'a regardée avec mépris. Que l'Éternel soit juge entre moi et toi ! Abram répondit à Saraï : Voici, ta servante est en ton pouvoir, agis à son égard comme tu le trouveras bon. Alors Saraï la maltraita ; et Agar s'enfuit loin d'elle.

L'ange de l'Éternel la trouva près d'une source d'eau dans le désert, près de la source qui est sur le chemin de Schur. Il dit : Agar, servante de Saraï, d'où viens-tu, et où vas-tu ? Elle répondit : Je fuis loin de Saraï, ma maîtresse. L'ange de l'Éternel lui dit : Retourne vers ta maîtresse, et humilie-toi sous sa main. L'ange de l'Éternel lui dit : Je multiplierai ta postérité, et elle sera si nombreuse qu'on ne pourra la compter. L'ange de l'Éternel lui dit : Voici, tu es enceinte, et tu enfanteras un fils, à qui tu donneras le nom d'Ismaël ; car l'Éternel t'a entendue dans ton affliction. Il sera comme un âne sauvage ; sa main sera contre tous, et la main de tous sera contre lui ; et il habitera en face de tous ses frères. Elle appela Atta-El-roï (littéralement : *tu es le Dieu qui me voit*) le nom de l'Éternel qui lui avait parlé ; car elle dit : Ai-je rien vu ici, après qu'il m'a vue ? C'est pourquoi l'on a appelé ce puits le puits de Lachaï-roï (littéralement : *le puits de celui qui vit et me voit*) ; il est entre Kadès et Bared.

Agar enfanta un fils à Abram ; et Abram donna le nom d'Ismaël au fils qu'Agar lui enfanta. Abram était âgé de quatre-vingt-six ans lorsque Agar enfanta Ismaël à Abram[16] (XVI, 1-15).

Après la naissance miraculeuse d'Isaac, dont l'immaculée conception laisse penser à une intervention divine (l'Éternel « accomplit pour Sara ce qu'il avait promis » et Sara tombe enceinte), lorsque l'enfant est en âge d'être sevré, Abraham organise un grand festin :

Mais Sara vit rire le fils qu'Agar, l'Égyptienne, avait enfanté à Abraham ; et elle dit à Abraham : Chasse cette servante et son fils, car le fils de cette servante n'héritera pas avec mon fils, avec Isaac. Cette parole déplut fort aux yeux d'Abraham, à cause de son fils. Mais Dieu dit à Abraham : Que cela ne déplaise pas à tes yeux, à cause de l'enfant et de ta servante. Accorde à Sara tout ce qu'elle te demandera ; car c'est d'Isaac que sortira une postérité qui te sera propre. Je ferai aussi une nation du fils de ta servante ; car il est ta postérité.

Abraham se leva de bon matin ; il prit du pain et une outre d'eau, qu'il donna à Agar et plaça sur son épaule ; il lui remit aussi l'enfant, et la renvoya. Elle s'en alla, et s'égara dans le désert de Beer-Schéba. Quand l'eau de l'outre fut épuisée, elle laissa l'enfant sous un des arbrisseaux, et alla s'asseoir vis-à-vis, à une portée d'arc ; car elle disait : Que je ne voie pas mourir mon enfant ! Elle s'assit donc vis-à-vis de lui, éleva la voix et pleura. Dieu entendit la voix de l'enfant ; et l'ange de Dieu appela du ciel Agar, et lui dit : Qu'as-tu, Agar ? Ne crains point, car Dieu a entendu la voix de l'enfant dans le lieu où il est. Lève-toi, prends l'enfant, saisis-le de ta main ; car je ferai de lui une grande nation. Et Dieu lui ouvrit les yeux, et elle vit un puits d'eau ; elle alla remplir d'eau l'outre, et donna à boire à l'enfant (XXI, 9-19).

Dans l'Épître aux Galates, Paul donne la version chrétienne de l'histoire d'Abraham, Sara et Agar :

Dites-moi, vous qui voulez être sous la loi, ne comprenez-vous point la loi ? Car il est écrit qu'Abraham eut deux fils, un de la femme esclave, et un de la femme libre. Mais celui de l'esclave naquit selon la chair, et celui de la femme libre naquit en vertu de la promesse. Ces faits ont une valeur allégorique ; car ces femmes sont deux alliances. L'une du mont Sina, enfantant pour la servitude, c'est Agar – car

Agar, c'est le mont Sina en Arabie – et elle correspond à la Jérusalem actuelle, qui est dans la servitude avec ses enfants. Mais la Jérusalem d'en haut est libre, c'est notre mère ; car il est écrit :

Réjouis-toi, stérile, toi qui n'enfantes point !

Éclate et pousse des cris, toi qui n'as pas éprouvé les douleurs de l'enfantement !

Car les enfants de la délaissée seront plus nombreux

Que les enfants de celle qui était mariée.

Pour vous, frères, comme Isaac, vous êtes enfants de la promesse ; et de même qu'alors celui qui était né selon la chair persécutait celui qui était né selon l'Esprit, ainsi en est-il encore maintenant. Mais que dit l'Écriture ? Chasse l'esclave et son fils, car le fils de l'esclave n'héritera pas avec le fils de la femme libre. C'est pourquoi, frères, nous ne sommes pas enfants de l'esclave, mais de la femme libre (IV, 21-31).

Paul met ici en scène une confrontation clairement symétrique : l'opposition Isaac-Ismaël équivaut à celle entre père symbolique (Nom-du-Père) et père biologique (racial), entre « l'origine par le nom et l'esprit, et l'origine par la transmission substantielle de la vie » (p. 147), entre enfant de la femme libre et enfant de l'esclave, entre enfant de l'esprit et enfant de la chair.

Toutefois, cette lecture doit simplifier le récit biblique sur au moins trois points essentiels :

1) le souci évident de Dieu pour Agar et Ismaël, son intervention qui sauve la vie à Ismaël ;

2) l'extraordinaire description d'Agar, qui n'est pas simplement une femme de chair et de luxure, une esclave sans valeur, mais celle qui VOIT Dieu. En tant que seconde femme, exclue de la généalogie symbolique, Agar représente la fertilité païenne (égyptienne) de la Vie, mais aussi l'accès direct à Dieu – elle voit directement Dieu la voyant, ce qui n'a même pas été donné à Moïse, à qui Dieu est apparu sous la forme d'un buisson ardent. À ce titre, Agar préfigure l'accès féminin/mystique à Dieu (développé par la suite dans le soufisme) ;

3) le fait (qui n'est pas seulement narratif) que l'on ne puisse jamais affronter le choix (entre la chair et l'esprit) de façon directe, comme un choix entre deux options simultanées. Pour que Sara ait un fils, il faut qu'Agar en ait un d'abord, c'est-à-dire qu'il y a un besoin de succession, de répétition, comme si, pour pouvoir choisir l'esprit, il fallait d'abord choisir la chair – seul le second fils peut être le véritable fils de l'esprit. Cette nécessité rejoint l'idée de castration symbolique : la « castration » signifie que l'accès direct à la Vérité est

impossible – dans les mots de Lacan, « la vérité surgit de la méprise », le chemin pour atteindre l'Esprit passe obligatoirement par la Chair, etc. Rappelons-nous l'analyse que fait Hegel de la phrénologie à la fin du chapitre sur « La Raison observante », dans sa *Phénoménologie de l'Esprit* : Hegel a précisément recours à la métaphore phallique, l'organe inséminateur paternel, pour expliquer l'opposition entre les deux lectures possibles de la proposition « L'Esprit est un os » (d'un côté la lecture matérialiste vulgaire, « réductrice », selon laquelle la forme du crâne chez l'homme détermine les particularités de son esprit, de l'autre la lecture spéculative selon laquelle l'esprit est assez puissant pour affirmer son identité à partir de la matière la plus inerte qui soit et la « sublime », c'est-à-dire que même la matière la plus inerte ne peut échapper au pouvoir de médiation de l'Esprit). La lecture matérialiste est semblable à l'approche qui ne voit dans le phallus que l'organe de la miction, tandis que la lecture spéculative y voit également la fonction inséminatrice, autrement importante (l'insémination étant précisément la « conception » comme anticipation biologique du concept) :

La profondeur de ce que l'esprit extrait et expulse de l'intérieur, mais seulement jusqu'au niveau de sa *conscience représentative* où il la laisse arrêtée – et l'*ignorance* de cette conscience quant à ce qu'est ce qu'elle dit, constituent la même association de l'élevé et de l'humble que celle que la nature exprime naïvement chez le vivant dans la conjonction de l'organe de son sublime accomplissement, l'organe génital, et de l'organe qui permet de pisser. Le jugement infini en tant qu'infini serait l'accomplissement de la vie se saisissant elle-même, tandis que le comportement de la conscience de la vie qui demeure dans la représentation est du même ordre que celui de l'homme qui pisse[17].

Une lecture attentive de cet extrait permet d'affirmer clairement que le propos d'Hegel N'EST PAS, contrairement à la pensée empiriste vulgaire qui ne voit que la miction, que l'attitude spéculative adéquate est de choisir l'insémination. Le paradoxe tient au fait que le choix immédiat de l'insémination est le plus sûr moyen de passer à côté : il n'est pas possible de choisir en première intention la « vraie signification », il FAUT commencer par faire le « mauvais » choix (à savoir la miction) – la vraie signification spéculative n'émerge qu'à travers une lecture répétée, en tant qu'effet secondaire (ou sous-produit) de la première lecture, « fausse »... Ce à quoi l'on pourrait ajouter que Sara ne peut avoir son enfant qu'après qu'Agar a eu le sien.

Où se situe ici la castration ? Avant qu'Agar n'entre dans le cadre, Sara, la femme phallo-patriarcale, demeure stérile, inféconde, précisément parce qu'elle est trop puissante/phallique. L'opposition n'est donc pas simplement le contraste entre Sara, totalement soumise à l'ordre patriarcal/phallique, et Agar, indépendante et subversive, elle est intrinsèque à Sara, à ses deux facettes (arrogance phallique, fonction maternelle). C'est parce que Sara est trop puissante et arrogante qu'elle devait donc être humiliée par Agar afin d'avoir un enfant et se conformer par là à l'ordre généalogique patriarcal. Sa castration nous est signalée par le changement de son prénom : Saraï devient Sara. Mais Sara est-elle la seule à être castrée ? Abraham ne fait-il pas lui aussi l'objet d'une castration ? Avec Agar, il peut concevoir un enfant directement/biologiquement, mais en dehors de la généalogie adéquate de la lignée symbolique, ce qui ne devient possible que par l'intervention extérieure de Dieu qui « accomplit pour Sara ce qu'il avait promis » – c'est donc cet écart entre paternité symbolique et biologique qui constitue la castration.

Le fait que l'islam choisisse Agar, femme indépendante qui a vu Dieu, plutôt que Sara la docile femme au foyer, est une première preuve de l'insuffisance de la notion sur laquelle s'appuie l'islam, celle d'un monothéisme masculin à l'extrême, la grande fratrie d'où sont exclues les femmes, femmes qui par ailleurs doivent être voilées, puisque leur « monstration » est en soi excessive, une provocation pour les hommes, qui les perturbe et les détourne de Dieu. S'ajoutent à cela la pré-histoire de l'islam, avec Agar, mère primordiale de tous les Arabes, non mentionnée dans le Coran, et l'histoire de Mahomet lui-même, avec Khadija (sa première femme) qui lui permet de distinguer la vérité du mensonge, les messages de l'ange de ceux du diable. À quelques occasions, les messages divins que reçoit Mahomet sont dangereusement proches d'inventions intéressées, l'exemple le plus célèbre étant son mariage avec Zaynab, la femme de son fils adoptif Zayd. Après avoir vu cette dernière à moitié nue, Mahomet se met à la convoiter passionnément ; lorsque Zayd s'en rend compte, obéissant à sa conscience, il la « répudie » (c'est-à-dire divorce), afin que son beau-père puisse l'épouser. Malheureusement, le droit coutumier arabe interdit une union de cette nature mais – surprise, surprise ! – Mahomet reçoit une révélation qui tombe à pic, par laquelle Allah l'exempte de se soumettre à cette loi (Coran, XXXIII, 37 et 50). On trouve même ici un élément de *Urvater* chez Mahomet, de figure paternelle possédant toutes les femmes de sa grande famille.

Il existe toutefois un argument indéniable en faveur de la sincérité de Mahomet : il a été le premier à douter de la nature divine de ses visions, à les rejeter, au motif qu'elles étaient des hallucinations synonymes de folie ou encore des cas manifestes de possession démoniaque. Sa première révélation survient une nuit du mois de ramadan alors qu'il s'est retiré en dehors de La Mecque. L'ange Gabriel lui ordonne alors : « *Iqra !* » (« Lis ! ») Mahomet croit devenir fou et, ne voulant pas être considéré comme l'idiot du village pour le restant de ses jours, il préfère la mort à la disgrâce et décide de se jeter du haut d'un rocher. Mais la vision se répète et il entend une voix lui dire : « Ô Mahomet ! Tu es le messager de Dieu et je suis Gabriel. » Mais même cette voix ne le rassure pas, alors il rentre lentement chez lui, profondément affligé, et demande à Khadija, sa première épouse (qui est également la première à avoir cru en lui) : « Couvre-moi ! Couvre-moi ! » Elle le couvre d'un manteau et Mahomet lui raconte ce qui lui est arrivé et dit craindre pour sa vie. Mais Khadija le rassure.

Les doutes de Mahomet perdurent au fil de ses visions suivantes, aussi Khadija lui demande-t-elle de l'avertir lors de la prochaine apparition, afin qu'ils déterminent ensemble s'il s'agit de Gabriel ou d'un démon. La fois suivante, Mahomet dit : « Ô Khadija, voici l'ange Gabriel qui vient me voir », ce à quoi elle répond : « Viens t'asseoir sur ma cuisse gauche. » Mahomet s'exécute, et elle demande : « Le vois-tu ? – Oui », répond-il. Elle reprend : « Tourne-toi et viens t'asseoir sur ma cuisse droite. » Il s'exécute à nouveau, et elle lui demande : « Le vois-tu ? – Oui », répond-il encore. Alors Khadija lui demande de s'asseoir entre ses cuisses, et, après avoir montré son visage et retiré son voile, l'interroge : « Le vois-tu ? » et il répond : « Non. » Elle le rassure : « Réjouis-toi, je jure par Dieu que c'est un ange et non Satan ! » (Il existe une autre version de cette histoire dans laquelle, à l'étape finale du test, Khadija ne se contente pas d'ôter son voile, mais fait venir Mahomet « entre son corps et son vêtement » – c'est-à-dire qu'il y a pénétration sexuelle – et seulement alors Gabriel se retire. Sous-entendu : un démon lubrique aurait profité de cette scène de copulation, alors qu'un ange se serait poliment retiré.) Ce n'est qu'après avoir été convaincu par Khadija de l'authenticité de sa rencontre avec Gabriel que Mahomet peut se guérir de ses doutes et embrasser sa carrière de messager de Dieu[18].

Au moment de ces premières révélations, Mahomet a donc l'impression d'être victime d'hallucinations poétiques – voici quelle a été sa réaction immédiate : « D'après moi, aucune créature de Dieu n'était plus digne de haine qu'un poète en extase ou un homme possédé. » La personne qui le sauve de cette insupportable incertitude, qui l'empêche de devenir un paria ou un idiot du village, et la première à croire en son message, la première musulmane en somme, est une femme, Khadija. Dans la scène décrite plus haut, elle incarne le « grand Autre » lacanien, le sceau de vérité de l'énonciation du sujet, et ce n'est que grâce à ce soutien circulaire, au fait que quelqu'un croie Mahomet, qu'il peut à son tour croire en son propre message et ainsi remplir le rôle de messager de la Vérité auprès des croyants. Le fait de croire n'est jamais direct : pour que je croie, il faut que quelqu'un croie en moi et ce en quoi je crois, c'est la foi des autres en moi. Rappelons-nous le héros, le leader, ou toute autre figure de l'autorité, qui doute, et qui, bien que désespéré, accomplit sa mission parce que d'autres (ses fidèles) croient en lui, et il ne peut supporter l'idée de les décevoir. Existe-t-il une pression plus grande que celle que nous éprouvons lorsqu'un enfant nous regarde dans les yeux avec toute son innocence et nous dit : « Mais je crois en toi ! » ?

Il y a quelques années, des féministes (dont Mary Ann Doane) ont accusé Lacan de privilégier le désir masculin : il n'y aurait que les hommes qui pourraient désirer directement, et les femmes ne pourraient que désirer désirer, imiter hystériquement le désir. En ce qui concerne la croyance, il faudrait inverser les choses : les femmes croient, et les hommes croient ceux qui croient en eux[19]. La notion sous-jacente ici est celle de *l'objet (a)* : l'autre qui « croit en moi » voit en moi autre chose que moi-même, quelque chose dont je n'ai pas conscience, *l'objet (a)* en moi. Selon Lacan, la femme se réduit pour l'homme à *l'objet (a)* – mais si c'était le contraire ? Et si l'homme désirait l'objet de son désir sans connaître la cause qui le pousse à désirer, et que la femme était plus directement centrée sur la cause (-objet) de son désir ?

Il faut accorder à ce détail toute son importance : une femme a connaissance de la vérité avant que le prophète lui-même n'en ait connaissance. Et les choses se compliquent davantage lorsqu'on se penche sur la façon dont Khadija intervient, dont elle réussit à faire la part des choses entre mensonge et vérité, entre possession démoniaque et révélation divine, en s'interposant, en mettant en avant son corps dévoilé, incarnation du mensonge, de la tentation face à l'ange véritable. La femme : un mensonge qui, au mieux, se sait mensonge incarné. À l'inverse de Spinoza, chez qui la vérité est norme d'elle-même et du faux, la vérité est à elle-même son propre signe.

Khadija met donc la vérité en évidence au moyen d'une « monstration » provocatrice (un dévoilement) (p. 207). On ne peut donc pas opposer de façon simpliste le « bon » islam (femmes vénérées) au « mauvais » islam (femmes voilées et opprimées). L'important n'est pas de revenir aux « origines féministes refoulées » de l'islam ni de réhabiliter l'islam dans sa nature féministe en opérant ce retour aux origines. Ces origines refoulées qui sont les origines mêmes de l'oppression des femmes. L'oppression ne fait pas qu'opprimer les origines, elle doit opprimer SES PROPRES origines. L'élément clé de la généalogie musulmane est la transition suivante : le passage d'une femme qui est l'unique être à pouvoir attester de la vérité à une femme qui par sa nature est dépourvue de raison et de foi, qui triche et ment, provoque les hommes, s'interpose entre eux et Dieu, les perturbe, telle une tache qu'il faut donc effacer, rendre invisible, contrôler, car elle menace de conduire les hommes à leur perte.

La femme est en soi un scandale ontologique, sa simple apparition en public est un affront à Dieu. Elle est non seulement effacée, mais aussi réadmise dans un univers étroitement contrôlé, dont le fantasme fondateur est parfaitement illustré par le mythe de la vierge éternelle : les (tristement) célèbres *houris*, ces vierges qui attendent les martyrs au paradis, ne perdent jamais leur virginité – leur hymen se régénère après chaque pénétration, comme par magie. Le fantasme à l'œuvre ici est celui du règne sans partage de la jouissance phallique, d'un univers exempt de toute trace de jouissance féminine (p. 255-256). Lorsqu'on demande à une musulmane pourquoi elle porte le voile de son plein gré, la réponse la plus intime est qu'elle le fait « par pudeur vis-à-vis de Dieu », pour ne pas offenser Dieu : la femme non voilée est une saillie érectile, il y a chez elle quelque chose de gênant et d'obscène, et cette association d'intrusion visuelle et de savoir énigmatique est un mélange explosif qui perturbe l'équilibre ontologique de l'univers.

Sachant cela, quelle lecture faire des mesures administratives telles que l'interdiction pour les jeunes musulmanes de porter le voile à l'école décidée par le gouvernement français ? On est ici face à un double paradoxe. Le premier est que cette interdiction prohibe quelque chose qu'elle considère aussi comme une exhibition, un signe d'identité trop fort pour être autorisé, qui ébranle le principe français d'égalité – du point de vue républicain français, le port du voile est aussi une « monstration » provocatrice. Le second paradoxe est le suivant : le port du voile pose « la redoutable question de l'interdiction de l'interdit de l'autre » (p. 215), et peut-être cette interdiction est-elle la plus opprimante de toutes. Pourquoi ? Parce qu'elle interdit ce qui constitue *l'identité* (socio-institutionnelle) de l'autre : elle désinstitutionnalise cette identité pour en faire une idiosyncrasie personnelle de second plan. Une telle interdiction de l'interdit crée un espace où l'homme universel se moque des différences (économiques, politiques, religieuses, culturelles, sexuelles, etc.), où elles ne sont qu'une question de pratiques symboliques sans importance. Mais cet espace est-il pour autant neutre du point de vue du genre ? Non, mais pas au sens où il y aurait une hégémonie cachée de la logique masculine phallocentrique, au contraire : l'espace sans extérieur légitime, l'espace qui n'est pas marqué par une rupture, par une limite qui en définit l'inclusion et l'exclusion, est un non-Tout « féminin », et, en tant que tel, un espace universel, un espace sans extérieur, une sorte de « féminité absolue, une Femme-monde » (p. 217) qui nous englobe tous. Dans cet univers, où l'interdiction de l'interdit est en vigueur, il n'y a pas de culpabilité, mais l'absence de culpabilité est compensée par une montée insupportable de l'angoisse. L'interdiction de l'interdit est une sorte d'« équivalent générique » de toutes les interdictions, une interdiction universelle et partant universalisée, une interdiction de toute altérité : « L'interdit est l'institution de l'autre. Interdire son interdit, c'est l'interdire en tant qu'autre » (p. 216). C'est là que réside le paradoxe de l'univers multiculturel tolérant, avec sa multitude de modes de vie et d'identités : plus il est tolérant, plus il devient homogène, et dangereusement oppressant. Martin Amis a récemment qualifié l'islam de religion la plus ennuyeuse de toutes, car les fidèles devaient répéter encore et encore les mêmes rituels stupides et apprendre par cœur les mêmes formules sacrées – mais il se trompe lourdement : c'est la tolérance multiculturelle et le laxisme qui sont synonymes d'ennui mortel.

Ainsi une femme a-t-elle eu connaissance de la vérité avant le Prophète lui-même.

Si l'on revient au rôle des femmes dans la pré-histoire de l'islam, il faut ajouter la conception de Mahomet, où l'on se heurte à nouveau à un mystérieux « entre-deux femmes ». Après avoir travaillé sa terre, Abdallah, le futur père de Mahomet, est allé chez une femme et lui a fait des avances, qu'elle a repoussées seulement au motif qu'il était encore sale de son travail. Il l'a laissée, s'est lavé, est allé trouver Amina, son épouse, et l'a possédée – moment auquel a été conçu Mahomet. Il est alors allé retrouver l'autre femme et lui a demandé si à présent elle était disposée, mais elle lui a répondu que non : « Quand tu es passé à côté de moi, il y avait une lumière blanche entre tes yeux. Je t'ai appelé et tu m'as repoussée. Tu es allé vers Amina, et elle a pris cette lumière. » À l'épouse officielle l'enfant, à l'autre le savoir – elle voit Abdallah mieux qu'il ne se voit lui-même, elle voit cette « lumière », quelque chose qu'il a sans le savoir, qui est en lui et qui est plus que lui, c'est le sperme qui engendrera le Prophète, et c'est cet *objet (a)* qui fait naître son désir. La position d'Abdallah est semblable à celle du héros d'un roman policier qui se retrouve soudain persécuté, et même en danger de mort – il sait quelque chose qui peut être fatal à un criminel, mais lui-même (ou elle, c'est en général une femme) ignore de quoi il s'agit. Abdallah, dans son narcissisme, confond cet *objet (a)* en lui avec lui-même (il confond la cause et l'objet du désir de l'autre femme), raison pour laquelle il retourne la voir, supposant à tort qu'elle le désirera encore.

Cette dépendance au féminin (et qui plus est à l'étrangère) est le fondement refoulé de l'islam, l'impensé, ce qu'il cherche à exclure, à effacer ou du moins à contrôler par le truchement d'un appareil idéologique complexe, mais qui le hante avec obstination, puisqu'il s'agit de la source même de sa vitalité. Pourquoi, dès lors, la femme est-elle une présence si traumatisante pour l'islam, un scandale ontologique tel qu'il faille le voiler ? Le véritable problème ne réside pas dans l'horreur de la révélation impudique de ce qui se trouve sous le voile, mais plutôt dans la nature du voile. Ce voile féminin est à relier avec la lecture que fait Lacan de l'apologue antique du concours entre deux peintres grecs, Zeuxis et Parrhasios, devant déterminer lequel des deux saura peindre le trompe-l'œil le plus convaincant[20]. Zeuxis montre d'abord les raisins qu'il a peints, de façon si réaliste que le tableau a attiré des oiseaux. Mais Parrhasios triomphe de lui, en ayant peint sur la muraille un simple voile, mais un voile si ressemblant que Zeuxis lui demande : « Et maintenant, retire le voile et montre-nous ce que tu as peint. » Dans le tableau de Zeuxis, l'illusion est si parfaite que l'image a été prise pour la chose réelle ; dans celui de Parrhasios, l'illusion réside dans le fait même que ce que nous avons sous les yeux n'est qu'un voile masquant la vérité. C'est également ainsi que fonctionne la mascarade du féminin pour Lacan : la femme porte un masque pour nous faire réagir comme Zeuxis face au tableau de Parrhasios – *Maintenant, bas les masques, montre-nous qui tu es vraiment.* Les choses sont similaires dans *Comme il vous plaira*, la pièce de Shakespeare, dans laquelle Orlando est amoureux fou de Rosalinde, qui, pour tester son amour, se déguise en homme, Ganymède, et interroge Orlando sur son amour. Elle va jusqu'à endosser la personnalité de Rosalinde (elle porte une sorte de double masque : elle fait semblant d'être elle-même, puisqu'elle fait semblant d'être Ganymède qui joue à se faire passer pour Rosalinde) et persuade son amie Célie (déguisée en Aliéna) de l'unir à Orlando dans un simulacre de mariage. Au cours de cette cérémonie, Rosalinde feint de faire semblant d'être ce qu'elle est vraiment : la vérité, afin de triompher, doit être mise en scène dans un double jeu de dupe. On imagine Orlando, après le simulacre de mariage, se tournant vers Rosalinde-Ganymède et lui disant : « Tu as si bien joué Rosalinde que tu m'y as presque fait croire ; tu peux à présent redevenir celui que tu es, Ganymède. »

Ce n'est pas un hasard si tous les agents de ces doubles mascarades sont des femmes : alors qu'un homme peut seulement faire semblant d'être une femme, une femme peut faire semblant d'être un homme qui fait semblant d'être une femme, et seule une femme peut *faire semblant d'être ce qu'elle est* (une femme). Pour expliquer cette spécificité féminine du faire semblant, Lacan se réfère à une femme voilée qui porterait un faux pénis afin d'insinuer qu'elle est le phallus :

« Telle est la femme derrière son voile : c'est l'absence du pénis qui la fait phallus, objet du désir. Évoquez cette absence d'une façon plus précise en lui faisant porter un mignon postiche sous un travesti de bal, et vous, ou plutôt elle, nous en direz des nouvelles : l'effet est garanti à cent pour cent[21]. »

La logique à l'œuvre ici est plus complexe qu'il n'y paraît : le postiche ne fait pas qu'évoquer l'absence de pénis « réel » ; en stricte parallèle avec le tableau de Parrhasios, la première réaction de l'homme en voyant le contour du faux pénis est de s'exclamer : « Ôte-moi ce postiche ridicule et montre-moi ce que tu as là-dessous ! » L'homme passe à côté de ce qui se joue, à savoir que le faux pénis est la chose réelle : le « phallus » qu'incarne la femme est le voile généré par le faux pénis, c'est-à-dire le spectre du phallus « réel » inexistant, dissimulé par le faux. Dans ce sens précis, la mascarade féminine a la même structure que le mimétisme puisque pour Lacan, dans le mimétisme, je n'imite pas l'image à laquelle je veux être assimilé, mais les caractéristiques de l'image qui semblent indiquer qu'il y a une réalité cachée derrière. Comme avec Parrhasios, je n'imite pas les raisins, mais le voile : « [Le mimétisme] donne à voir quelque chose en tant que ce quelque chose est distinct de ce que l'on pourrait appeler un "lui-même" qui est derrière[22]. » Le statut du phallus s'inscrit dans le mimétisme. Le phallus est, en fin de compte, une sorte de tache du corps humain, une caractéristique en excédent, inadaptée au corps, et qui partant génère l'illusion d'une réalité cachée derrière l'image.

Ce qui nous ramène à la fonction du voile dans l'islam : et si le vrai scandale que ce voile cherche à dissimuler n'était pas le corps féminin, mais l'INEXISTENCE du féminin ? Et si, par conséquent, la fonction suprême du voile était précisément d'entretenir l'illusion qu'IL Y A quelque chose, une entité substantielle, derrière le voile ? Si l'on suppose, comme le veut l'équation nietzschéenne, que la vérité est femme, et que l'on assimile donc le voile de la féminité au voile qui dissimule l'ultime Vérité, les véritables enjeux du voile musulman deviennent encore plus évidents. La femme est une menace car elle représente l'« indécidabilité » de la vérité, une superposition de voiles sous lesquels ne se trouve aucun noyau dur ; en la voilant, nous créons l'illusion que se dissimule, sous le voile, la Vérité féminine – l'horrible vérité du mensonge et de la tromperie, bien sûr. C'est là que réside le scandale tenu secret de l'islam : seule une femme, l'incarnation même de l'indiscernabilité de la vérité et du mensonge, est en mesure de garantir la Vérité. Et pour cette raison, elle doit rester voilée.

Ce qui nous ramène au sujet de la femme et de l'Orient. Il ne s'agit pas, au final, de choisir entre l'islam masculin du Proche-Orient et la spiritualité plus féminine d'Extrême-Orient, mais entre l'élévation extrême-orientale de la femme au rang de Déesse-Mère, l'essence créatrice et destructrice du Monde, et la défiance musulmane à l'égard de la femme, qui, paradoxalement, exprime bien plus frontalement le pouvoir traumatisant-révolutionnaire-créatif-explosif de la subjectivité féminine.

Notes bibliographiques
et commentaires

1. Jacques-Alain Miller, « L'Amour de la police », billet écrit le 13 janvier 2015 et publié sur www.lacan.com.

I. – L'ISLAM EN TANT QUE MODE DE VIE

2. « *Charlie Hebdo* : Now is the time to uphold freedoms and not give in to fear », article de Simon Jenkins paru dans l'édition en ligne du *Guardian* le 7 janvier 2015 (http://theguardian.com/commentisfree/2015/jan/07/charlie-hebdo-freedom-fear-terrorists-massacre-war).

3. Friedrich Nietzsche, *Ainsi parlait Zarathoustra*, traduction d'Henri Albert, Société du Mercure de France, Paris, 1903.

4. Traduction d'Yves Bonnefoy in *Anthologie bilingue de la poésie anglaise*, Gallimard, « Bibliothèque de la Pléiade », 2005.

5. « Taliban Exploit Class Rifts in Pakistan », article de Jane Perlez et Pir Zubair Shah paru le 16 avril 2009 dans l'édition en ligne du *New York Times* (http://www.nytimes.com/2009/04/17/world/asia/17pstan.html?pagewanted=all).

6. Kevin McDonald, « Isis Jihadis aren't medieval – they are shaped by modern western philosophy » (http://www.theguardian.

com/commentisfree/2014/sep/09/isis-jihadi-shaped-by-modern-western-philosophy).

7. Sayyid Qutb, *Jalons sur la route*, Ar-Rissala, Bruxelles ; cité par Xavier Ternisien dans *Les Frères musulmans*, Hachette, « Pluriel », 2011.

8. Source : http://unisetca.ipower.com/qutb.

9. Cité *in* Jean-Pierre Dupuy, *L'Avenir de l'économie : sortir de l'écomystification*, Flammarion, Paris, 2012.

10. La numérotation entre parenthèses renvoie aux pages de Talal Asad, Wendy Brown, Judith Butler, Saba Mahmood, *Is Critique Secular ?*, Berkeley, University of California Press, 2009.

11. Toutes les citations du Coran sont extraites du Noble Coran, traduction de Mohammed Chiadmi, Tawhid, 2007.

II. – INCURSION DANS LES ARCHIVES DE L'ISLAM

12. Fethi Benslama, *La Psychanalyse à l'épreuve de l'islam*, Aubier, Paris, 2002. Les nombres entre parenthèses, jusqu'à la fin de l'ouvrage, font référence aux pages d'où sont extraites les citations.

13. Eric Santner, « Traumatic Revelations : Freud's Moses and the Origins of Anti-Semitism », in *Sexuation*, sous la direction de Renata Salecl, Durham, Duke University Press, 2000.

14. Moustapha Safouan, *Why Are the Arabs Not Free: the Politics of Writing* (manuscrit non publié).

15. On peut bien sûr soutenir qu'il y a déjà à l'œuvre dans la Genèse une mise en péril sous-jacente de son idéologie officielle, Dieu intervenant pour sauver le fils d'Agar et lui promettant un grand avenir – la Genèse prend donc aussi le parti de l'autre femme qui s'est vue réduite à un instrument de procréation.

16. Tous les extraits de la Bible sont issus de la traduction de Louis Segond, dans la nouvelle édition de Genève 1979, Genève-Paris, Société biblique de Genève.

17. G. W. F. Hegel, *Phénoménologie de l'esprit*, traduction de Jean-Pierre Lefebvre, Flammarion, Paris, 2012.

18. L'unique occurrence ultérieure au cours de laquelle une intervention démoniaque corrompra ses visions sera le célèbre épisode des « versets sataniques ».

19. J'ai fait un rêve un jour, le rêve bourré de complaisance, tellement que c'en est écœurant, où l'on obtient une grosse récompense ; ma réaction, DANS LE RÊVE, était de me dire que ça ne pouvait pas être vrai, qu'il ne s'agissait que d'un rêve, et le contenu de ce rêve était l'ardeur (payante) avec laquelle je voulais me convaincre, en désignant une série de signes, qu'il ne s'agissait pas d'un rêve mais bien de la réalité – le travail d'interprétation consistant ici à découvrir qui était la femme cachée dans mon rêve, qui était ma Khadija.

20. Jacques Lacan, *Le Séminaire*, tome XI, *Les Quatre Concepts fondamentaux de la psychanalyse* (texte établi par Jacques-Alain

Miller), © Éditions du Seuil, « Le Champ freudien », 1973 ;
« Points Essais », 2014.

21. Jacques Lacan, « Subversion du sujet et dialectique du désir »,
in *Écrits,* © Éditions du Seuil, 1966 ; « Points Essais », 2014.

22. Jacques Lacan, *Le Séminaire*, tome XI, *op. cit.*

Table

OUVRAGE RÉALISÉ
PAR L'ATELIER GRAPHIQUE ACTES SUD
REPRODUIT ET ACHEVÉ D'IMPRIMER
EN AVRIL 2015
PAR L'IMPRIMERIE FRANCE QUERCY
À MERCUÈS
POUR LE COMPTE DES ÉDITIONS
ACTES SUD
LE MÉJAN
PLACE NINA-BERBEROVA
13200 ARLES

DÉPÔT LÉGAL
1ʳᵉ ÉDITION : MAI 2015

N° impr. : 50271

(Imprimé en France)